Dennis Böhringer

Perspektiven zum Wirtschaftsstandort Deutschland - Im Zuge der Globalisierung

Am konkreten Fallbeispiel

GRIN Verlag

Bibliografische Information der Deutschen Nationalbibliothek:

Die Deutsche Bibliothek verzeichnet diese Publikation in der Deutschen National-
bibliografie; detaillierte bibliografische Daten sind im Internet über http://dnb.d-
nb.de/ abrufbar.

Impressum:

Copyright © 2011 GRIN Verlag GmbH
Druck und Bindung: Books on Demand GmbH, Norderstedt Germany
ISBN: 978-3-656-13080-2

Dieses Buch bei GRIN:

http://www.grin.com/de/e-book/189125/perspektiven-zum-wirtschaftsstandort-
deutschland-im-zuge-der-globalisierung

GRIN - Your knowledge has value

Der GRIN Verlag publiziert seit 1998 wissenschaftliche Arbeiten von Studenten, Hochschullehrern und anderen Akademikern als eBook und gedrucktes Buch. Die Verlagswebsite www.grin.com ist die ideale Plattform zur Veröffentlichung von Hausarbeiten, Abschlussarbeiten, wissenschaftlichen Aufsätzen, Dissertationen und Fachbüchern.

Besuchen Sie uns im Internet:

http://www.grin.com/

http://www.facebook.com/grincom

http://www.twitter.com/grin_com

PERSPEKTIVEN ZUM WIRTSCHAFTS- STANDORT DEUTSCHLAND

Im Zuge der Globalisierung

Gymnasium Wilnsdorf
Jahrgangsstufe 12
Leistungskurs: Sozialwissenschaften

Dennis Böhringer

Montag, 21.2.2011 - Mittwoch, 13.4.2011

Der Mensch hat dreierlei Wege klug zu handeln: durch Nachdenken ist der edelste, durch Nachahmen der einfachste, durch Erfahrung der bitterste.

Konfuzius
500 v. Chr.

1. Einleitung

1.1 Zielsetzung

Katastrophale demographische Verwerfungen, zehnmal höhere Lohnkosten als bspw. in Bulgarien[1], Konkurrenzländer wie Indien oder China, die den Unternehmen einen gigantisches Investitionspotenzial verheißen und dazu riesige, unerschlossene Märkte bieten: Kann ein Land wie Deutschland, das selbst bereits kolossales Wirtschaftswachstum u.a. nach dem zweiten Weltkrieg erlebt hat, dieser Konkurrenz trotzen und weiterhin ein attraktiver Wirtschafts- und Investitionsstandort für Unternehmen bleiben?

Wie genau sehen die Perspektiven aus, was sind Probleme und wo stehen die Chancen, mit denen sich Deutschland im internationalen Vergleich behaupten kann?

Dies sind die Fragen, denen ich mich in dieser Facharbeit nähern und abschließend eine Prognose abgeben möchte, in welchen Sektoren Deutschland Vorteile vorzuweisen hat und was für ein positives Wirtschaftswachstum und einen gesicherten Wohlstand nötig ist.

Einleitend soll die Entwicklung der deutschen Wirtschaft nach dem zweiten Weltkrieg betrachtet werden, um so einen Einstieg in die historischen Zusammenhänge zu geben. Darauf aufbauend soll die aktuelle wirtschaftliche Zielsetzung Deutschlands anhand des „magischen Vierecks" veranschaulicht werden. Damit will ich aufzeigen, wie sich Deutschland bereits innerhalb der letzten Jahrzehnte im Zuge der Globalisierung verändert hat und ob es bisher eher als Verlierer oder als Gewinner dieser Entwicklung anzusehen ist.

Nachdem diese „Grundlagen" beantwortet worden sind, gilt es, sich dem eigentlichem Thema der Facharbeit, nämlich den Perspektiven zum Wirtschaftsstandort Deutschland zu widmen. Es soll anhand einiger Studien führender Unternehmensberatungen[2] ein Einblick geben werden, auf welche Kernsektoren sich Deutschland konzentrieren muss und wo genau die Chancen liegen, sich weiter im internationalen Wettbewerb behaupten zu können und ein positives Wirtschaftswachstum zu erwirtschaften, das einen gesicherten Wohlstand für die BRD impliziert.

Um einen dieser Kernsektoren genauer zu beleuchten, wird exemplarisch ein Unternehmen aus der Halbleiterbranche, die Infineon Technologies AG, für die Chancen Deutschlands als Wirt-

---

[1]

vgl.http://www.focus.de/finanzen/karriere/berufsleben/lohnkosten-arbeitsstunde-in-deutschland-zehnmal-teurer-als-in-bulgarien_aid_494364.html, 24.3.2011

[2] Mc Kinsey & Company; Boston Consulting Group

schaftsstandort herangezogen. Der Fokus liegt hierbei auf einer Flexibilisierung der Arbeitszeit sowie einem damit einhergehenden neuen Entgeltsystem.

2. Aktuelle Wirtschaftliche Situation in Deutschland

2.1 Historische Entwicklung der Wirtschaft/ Wirtschaftswunder

Mit der Entwicklung der Wirtschaft in Deutschland nach 1945 ist ein Begriff unwiderruflich verknüpft, nämlich der des „Wirtschaftswunders".

Dieses „Wirtschaftswunder" bezeichnet den rasanten Aufschwung der Wirtschaft in den Nachkriegsjahren. Als Vorraussetzung und gleichzeitig als Beginn dieses Aufschwungs kann die Währungsreform im Jahre 1948 gesehen werden. Nach 1945 verlor die damalige Reichsmark hauptsächlich durch die Kriegsfinanzierung, aber auch durch das Missverhältnis zwischen Gütern und Nachfrage, rapide ihren Wert. Daher wurde im Frühjahr 1945 unter Führung der drei Besatzungsmächte die neue Währung, die deutsche Mark, eingeführt. Sie sollte kurzfristig den Geldüberhang an Reichsmark beseitigen und langfristig die Weichen für eine funktionierende deutsche Marktwirtschaft stellen. [3]

Eine Währungsreform allein konnte aber nicht die Wirtschaft eines vom Krieg gezeichneten Landes wiederherstellen, grundlegende Reformen mussten beschlossen werden. Notwendigerweise zu nennen ist an dieser Stelle der Gründervater der sozialen Marktwirtschaft in Deutschland: Ludwig Erhard. Das Modell der sozialen Marktwirtschaft wandte sich anders als die freie Marktwirtschaft oder gar die Planwirtschaft den Grundzügen zu: das Recht auf Privateigentum, die Sicherung des Wettbewerbs vor Monopolen und Kartellen. Damit sollten langfristig Vollbeschäftigung und Geldwertstabilität gesichert werden. Eine weitere Grundlage für diesen Wirtschaftsaufschwung bildete der „Marshallplan". Dieses von der amerikanischen Regierung initiierte Projekt beabsichtigte den Wiederaufbau des zerstörten Europas. Hierfür gab es Zuschüsse, aber vor allem Kredite in zweistelligem Milliardenbereich. Dadurch konnten Firmen wiederaufgebaut, Investitionen getätigt und somit Arbeitsplätze geschaffen werden.

Entscheidend für das Wirtschaftswunder waren jedoch die Arbeitsumstände in Deutschland: Es wurde länger gearbeitet als in anderen Ökonomien, die Löhne waren geringer und die Sozialleistungen befanden sich erst im Aufbau. Im ganzen Land herrschte eine „Aufbaumentalität (man

---

[3] „Vom totalen Krieg zum Wirtschaftswunder: die Vorgeschichte der westdeutschen Währungsreform 1948"
M Brackmann · 1993 · Klartext Verlag, Essen

sah, dass sich harte Arbeit lohnte und auszahlte, was natürlich auch Eifer und Ehrgeiz, sowie Arbeitswillen hervorrief)."[4]

Bereits zur Gründung der BRD waren die Löhne wieder auf Vorkriegsniveau. Mitte der fünfziger Jahre herrschte Vollbeschäftigung und die Lebensqualität lag auf einer Höhe mit den USA. Produkte wie der VW Käfer wurden zum Symbol für den deutschen Export und das Wirtschaftswunder. Ein Ende nahm dieser gewaltige Aufschwung erst mit der Rezession im Jahre 1967 und letztendlich mit der weltweiten Ölkrise im Jahre 1973. Spätestens seit diesem Zeitpunkt haben sich Deutschlands Kernkompetenzen weg von den eben beschriebenen günstigen Arbeitsbedingungen hin zu der Kompetenz als Standort für Hochindustrie, Hightech und Dienstleistungen entwickelt.

2.2 Wirtschaftliche Ziele der BRD

Die wirtschaftliche Zielsetzung eines Landes bezeichnet erst einmal lediglich, welche Grundsätze einer Ordnungspolitik angestrebt werden, und welche Ziele für die gesamte Volkswirtschaft wünschenswert sind. Das Ziel einer sozialen Marktwirtschaft, wie wir sie in Deutschland verfolgen, ist es, langfristig den Wohlstand (Indikator sind z.B. das BIP oder der NWI)[5] für das Volk zu sichern.

Um die Zielsetzung der BRD kurz anschaulich zu erklären, ist es hilfreich, sich das magische Vierecks anzusehen (vgl. Anhang S.20).

Das magische Viereck bezeichnet ein volkswirtschaftliches System, das vier zu erstrebende, wirtschaftspolitische Ziele angibt: einen hohen Beschäftigungsgrad, ein außenwirtschaftliches Gleichgewicht, ein stabiles Preisniveau sowie angemessenes und stetiges Wirtschaftswachstum. Diese vier Ziele sind in Deutschland im sogenannten „Stabilitätsgesetz"[6] von 1967 verankert.

Eben diese vier Ziele sind im Laufe der Jahre um zwei Faktoren bzw. „Ecken" erweitert worden. Denn im Zuge globaler Erwärmung und wachsender Umweltverschmutzung hat man den Faktor Umwelt- und Ressourcenschutz erkannt und eingebunden. Auch der soziale Ausgleich hat in Anbetracht des Wandels in der Sozialstruktur an Bedeutung gewonnen.

Weil einzelne Ziele im magischen Sechs- bzw. Viereck nur schwer vereinbar sind, wie z.B. steigendes Wirtschaftswachstum und Preisniveaustabilität, muss jederzeit ein Kompromiss gefunden

---

4 vgl. http://fmsg.bildung-rp.de/infoschul/infoschul/html/wirtschaftswunder.html, 24.3.2011

5 BIP = Bruttoinlandsprodukt ; NWI = Nationaler Wohlstandsindex nach Diefenbacher

6 vgl. § 1 des Bundesgesetzes: http://bundesrecht.juris.de/stabg/__1.html, 1.4.2011

werden, so dass langfristig alle Ziele in angemessenem Maß erreicht werden können. Zusammenfassend sind also ein stetiges Wirtschaftswachstum sowie eine gesicherte Finanzierung der Sozialsysteme auf gewohntem Niveau das Ziel der bundesdeutschen Wirtschaftsausrichtung.

2.3 Deutschland im Zuge der Globaliserung

2.3.1. Definition Globalisierung

Um sinnvoll über die Einflüsse sprechen zu können, die die Globalisierung auf Deutschland hat, gilt es zu versuchen, eben diesen abstrakten Begriff Globalisierung, zu definieren.

Dieser Begriff wurde bereits im Jahre 1944 verwendet, aber publik wurde er erst durch einen deutschen Emigranten namens Theodore Levitt, Professor an der Harvard Business School, der den Begriff in seinem Publikationen bekannt machte und deshalb auch als Prägevater des Begriffs gilt.[7]

Einer anderer, aber weit weniger üblicher Begriff ist *Mondialisierung*, der aus dem Französischen stammt und vom Wort „le monde" - „die Welt" hergeleitet ist. Letztendlich wird mit dieser Bezeichnung, eher als mit dem Begriff Globalisierung, eine Entnationalisierung verbunden, was eventuell auf Machtverlust deuten könnte, weshalb die Verwendung dieses Begriffs politisch unattraktiver ist.

Unter Globalisierung im volkswirtschaftlichen Sinne wird ein Prozess verstanden, bei dem eine zunehmende Verflechtung der weltweiten Märkte und Beziehungen stattfindet. So ist der „internationale Warenhandel nahezu viermal so stark gestiegen wie die Produktion von Gütern"[8]. Da Globalisierung nicht nur in der Wirtschaft erfolgt, sondern unter diesem Begriff auch die zunehmende Verzahnung von Mechanismen in anderen Bereichen wie der Politik, der Kultur und der Umwelt verstanden wird, soll im Folgenden der Schwerpunkt auf der wirtschaftlichen Bedeutung liegen. Ihren Ursprung fand die Globalisierung vor allem im technischen Fortschritt, der weltweite Kommunikation sowie Transportwege einfacher und günstiger machte.[9] Heute gelingt Unternehmen in kürzester Zeit ein gigantischer Informationsaustausch, sodass Produktions - und Logistikprozesse genau auf einander abgestimmt werden können, was letztendlich die Effizienz der einzelnen Produktionsstandorte enorm steigert.

---

[7] http://de.wikipedia.org/wiki/Theodore_Levitt, 24.3.2011

[8] http://www.globalisierung-fakten.de/globalisierung/was-ist-globalisierung.html

[9] vgl. Grafik bpb Anhang S. 19

2.4 Globalisierung - Standort Deutschland

Bei kaum einem anderen Thema sind die Anschauungen der Menschen so gespalten wie bei der Globalisierung. „Die Globalisierung und der Standortwettbewerb werden in der Bevölkerung oft als Bedrohung empfunden."[10] Die wenigsten wagen ein Urteil darüber zu fällen, ob die Globalisierung in Deutschland nun Auf - oder Ableben geschafft hat. Niemand weiß so genau, ob die Wirtschaft eigentlich gewachsen ist, wobei das noch die einfachste dieser Fragen ist. Komplizierter wird es, wenn man fragt, wie sich Lohnquote oder Arbeitslosenzahl verändert haben. Ein Umstand, der immer mit Globalisierung verbunden wird, ist die Verlagerung von Arbeitsplätzen: Sind im Endeffekt mehr entstanden als verlagert wurden? Wie hätte sich Deutschland ohne die Globalisierung entwickelt?

2.4.1 Der deutsche Export

Einen guten Einstieg in diese Fragen bringt die Betrachtung des Wirtschaftswachstums.
Der Begriff „Exportweltmeister" prägte in den letzten Jahren das Bild der Menschen von der deutschen Wirtschaft. Aber was genau heißt das eigentlich?
Als Exportweltmeister bezeichnet man einen Staat, der „innerhalb eines Jahres den höchsten Gesamtwert an Waren exportiert"[11].
Diesen Titel trug bis 2009 Deutschland, denn der deutsche Export hatte sich seit 1985 bis 2008 fast vervierfacht, das Gesamtvolumen des deutschen Außenhandels lag 2008 bei 995 Milliarden €.[12] Das ist fast doppelt so viel wie Frankreich im Jahre 2008 und fast viermal so viel wie Spanien im selben Zyklus.[13] Diese Zahlen belegen die Relevanz, die der Export für die deutsche Volkswirtschaft hat. Dieser starke Export ist im Wesentlichen auf drei Faktoren zurückzuführen: Zum einen ist Deutschland mit seiner geografischen Lage mitten in Europa von Handelspartnern nahezu umringt. Zweitens ergeben sich innerhalb der EU kaum Handelshindernisse und zum Dritten ist der Export durch die geringe interne Nachfrage unweigerlich von Nöten. Obwohl der hohe Export von Politikern oft als Beispiel für eine funktionierende Wirtschaft und sinnvolle Gesetz-

---

[10] vgl. Monographien der List Gesellschaft e.V. N.F. Band 20, Nomos Verlag, S.13

[11] http://de.wikipedia.org/wiki/Exportweltmeister, 24.3.2011

[12] Diese und folgende Zahlen entstammen : http://destatis.de und der WTO (World Trading Organisation) vgl. Grafiken Anhang S.20

[13] http://www.europa-auf-einen-blick.de/spanien/export.php bzw. Frankreich, 24.3.2011

esreformen gesehen wird, wird auf europäischer Ebene, vor allem von Frankreichs Präsident Sarkozy, die Kritik laut, Deutschland behindere mit seinem massiven Export langfristig die Entwicklung Europas.

2.4.2 Auswirkungen auf Lohn und Arbeitsplätze

An dieser Stelle muss zwischen den verschiedenen Branchen genau unterschieden werden, damit eine exakte Analyse der Arbeitsmarktzahlen stattfinden kann.

So hat sich in einer Erhebung des statistischen Bundesamtes gezeigt, dass innerhalb des Zeitraums von 2001 bis 2006 insgesamt 188.600 Stellen verlagert wurden, aber am gleichen Standort lediglich 105.500 Stellen entstanden sind. Unterscheide zeigen sich in verschiedenen „Qualifikationsstufen", denn im sogenannten Hochtechnologiebereich sind 94% der Stellen „ersetzt" worden. Bei wissensintensiven Dienstleistungen liegt diese Ersatzrate sogar bei 121 %. Anders sehen die Zahlen bei Stellen mit geringerer Qualifikation aus - hier sind lediglich 37 % der Stellen ersetzt worden, das entspricht einem Rückgang von 63 %.[14]

Allerdings ist an dieser Stelle zu bezweifeln, ob Unternehmen, die sich dieser Verlagerung entzogen hätten, weiter wettbewerbsfähig geblieben wären. Noch abstrakter lässt sich der Gedanke weiterverfolgen, wie sich Deutschland ohne die Globalisierung entwickelt hätte, wenn man der Argumentation führender Experten wie Prof. Dr. Frieder Meyer-Krahmer folgt, die sagen, dass Deutschland auf seinen Export angewiesen sei, weil das innerdeutsche Handels- bzw. Nachfragevolumen niemals so groß sein könnte wie es durch die Globalisierung der Fall sei. Dann nämlich wären die Folgen für die deutsche Wirtschaft wohl fatal. Vor allem in Bezug auf die Globalisierung und die Zukunft Deutschland, ist es insbesondere interessant, dass bereits 2007 fast drei Viertel der arbeitenden Menschen (72,3 %) in Deutschland im Dienstleistungssektor beschäftigt waren. Das produzierende Gewerbe stellte lediglich 25,5 % der Erwerbstätigen dar und der primäre Sektor, die Landwirtschaft, gar nur noch knapp 2,2 % der Beschäftigen.[15]

---

[14] http://www.bpb.de/wissen/OIABBH,0,0,Arbeitsplatzeffekt.html,14.2011 vgl. Anhang Grafiken

[15]http://www.destatis.de/jetspeed/portal/cms/Sites/destatis/Internet/DE/Grafiken/
DienstleistungenFinanzdienstleistungen/Diagramme/ErwerbstaetigeSektor,templateId=renderPrint.psml, 24.3.2011

2.4.2.1 Verlagerungsmotive der Unternehmen

Um diese Verlagerungen besser verstehen zu können und um gewisse Tendenzen zu erkennen, ist es hilfreich, die Verlagerungsmotive der Unternehmen einmal genauer zu betrachten.

(vgl. Grafik im Anhang)

Hier zeigt sich, dass die Lohnkosten mit 81.9 %[16] das am häufigsten genannte Verlagerungsmotiv darstellen. Einer weiterer wichtiger Faktor ist die Erschließung neuer Absatzmärkte. Mit fast 82% stellt er nach den Lohnkosten das größte Hindernis bzw. die größte Herausforderung für Deutschland dar. Motive wie Steueranreize oder neue Geschäftsmodelle spielen kaum mehr eine Rolle.

Allerdings ist hier ein rückläufiger Trend zu beobachten. Neueste Studien des Statistischen Bundesamtes belegen, dass bei Betrachtung des sogenannten „Eisbergmodells" der Lohnkosten auffällt, dass die Kosten in Deutschland (Lohn + Lohnnebenkosten) im Vergleich mit anderen europäischen Ländern wie Frankreich und Belgien lediglich im Mittelfeld liegen.[17]

Berücksichtigt man Aspekte wie Kosten für „Qualitätssicherung", betriebliche Einarbeitungszeiten und andere Faktoren ist eine Verlagerung oft unvorteilhafter als von den Unternehmen gedacht. So zeigt eine Studie des Fraunhofer Instituts für System- und Innovationsforschung[18], dass für immer mehr Unternehmen eine Rückverlagerung nach Deutschland attraktiv ist, und somit eine Verlagerung nicht die gewünschten Kosteneinsparungen gebracht hat.

Verstärkt wird dies auch durch die Ergebnisse einer Befragung US- amerikanischer Unternehmen, die Deutschland weiterhin als einen der attraktivsten Standorte in Europa sehen.[19]

---

[16] Statistisches Bundesamt: Verflechtung deutscher Unternehmen mit dem Ausland

[17] vgl.
http://www.focus.de/finanzen/karriere/berufsleben/lohnkosten-arbeitsstunde-in-deutschland-zehnmal-teurer-als-in-bulg arien_aid_494364.html, 24.3.2011

[18] http://www.vdi.de/fileadmin/vdi_de/redakteur/dps_bilder/SK/2008/2008-04-22-Studie_FHG_ISI_01.pdf. 24.3.2011

[19] vgl. CD Datei „AmChamIV_BusinessBarometer" S.3

3. Zukunft des Wirtschaftsstandort Deutschland

<u>3.1 Perspektiven</u>

Doch genau diese Erkenntnisse bringen uns der Frage näher, wo die Chancen für Deutschland liegen. Im Folgenden soll eine Analyse der Studie der McKinsey & Company Unternehmensberatung erfolgen. Die Hauptintention der McKinsey Studie liegt darin, Perspektiven aufzuzeigen, in denen die Chancen für Deutschland liegen. So wird hier der Begriff „Dynamisierung" der Märkte eingeführt und deren Bedeutung für Deutschland charakterisiert.

<u>3.1.1 Dynamisierung der Wirtschaft</u>

In den Jahren 1995 bis 2006 wuchs das BIP in Deutschland lediglich um 1,4 % p.a. Damit liegt Deutschland im Vergleich zu anderen europäischen Ländern wie Dänemark oder Irland nur im unteren Mittelfeld. Hinzukommt, dass das mittlere Einkommen jährlich sogar nur um 1,1 % wuchs, so dass der Mittelstand in Deutschland vom Wachstum abgekoppelt blieb, was der Bevölkerung den Eindruck vermittelte, jeglicher Aufschwung komme nicht bei ihr an.

Laut McKinsey ist der einzige Weg , der diese Entwicklung stoppen kann, ein Kurs zu mehr Wirtschaftsdynamik, damit langfristig „für breite Bevölkerungsschichten wieder reale Einkommenszuwächse entstehen"[20] . Durch eben diese neue Dynamik scheint auch eine Vollbeschäftigung für gut qualifiziertes Fachpersonal wieder greifbar.

Aber worin genau besteht diese Wirtschaftsdynamik ?

1. Chancen wirtschaftlicher Trends müssen erkannt werden, so müssen z.B. die Chancen, die sich aus dem demographischen Wandel ergeben, aktiv genutzt werden.

Vor allem in den BRIC- Staaten (Brasilien, China etc.) gibt es weiterhin einen riesigen Bedarf an Innovationsgütern - hier muss Deutschland offerieren.

---

[20] vgl. CD. Datei „D2020_Exec_Summary.pdf"- folgende Argumentation ist sehr textnah

Auch aus neuen, strengeren Umweltstandards entsteht weiteres Potenzial für Deutschland. Speziell im Bereich der Umwelttechnologie muss Deutschland eine Führungsrolle besetzen, damit langfristig aus Investitionen anderer Länder und Unternehmen profitiert werden kann.

Technologischer Fortschritt:

„Mehr als 2 Mrd. Menschen benutzen Mobiltelefone, 9 Billionen E-Mails werden im Jahr versandt, täglich werden 1 Mrd. Google-Suchen gestartet. Prozess- Know-how und integrierte Lösungen bestimmen die nächste Welle der Revolution in der Informations- und Kommunikationstechnologie (IKT) – und Deutschland kann dabei eine führende Rolle spielen."[21]

Und genau dieser Fortschritt kann Deutschland ein nachhaltiges Wachstum verschaffen. Allerdings müssen besonders in diesem Feld politisch neue Wege gegangen werden, d. h. auf Gebieten wie der Gentechnik müssen diese neue Wege erst einmal geebnet werden, bevor man sie nutzen kann.

2. Die Unternehmen müssen Produktivität und Innovationen vereinen, um Rahmenbedingungen für eine wirtschaftliche Belebung zu schaffen.

An dieser Stelle soll nachstehend eine Differenzierung der verschiedenen Branchen/Sektoren vorgenommen werden.

3.2 Differenzierung der Industriesektoren

3.2.1 Automobilindustrie:

Es bietet sich an, mit der Automobilbranche zu beginnen, weil gerade dieser Sektor lange ein Begriff und eine Metapher für die deutsche Wirtschaftskraft, das Wachstum, das Land und den Wohlstand war. Denn die deutsche Automobilindustrie ist einer der größten deutschen Arbeitgeber und konnte in den letzten Jahren ihre Beschäftigungszahlen immerhin um durchschnittlich 12.000 erhöhen.[22]

---

[21] vgl. CD. Datei „D2020_Exec_Summary.pdf" S.8

[22]

http://nachhaltigkeit2009.daimler.com/reports/daimler/annual/2009/nb/German/4040/die-oekonomische-bedeutung-d
er-automobilindustrie.html, 24.3.2011

Allerdings gilt es, trotz dieser exzellenten Ausgangsposition, die Trends zu immer innovativeren, emissionsärmeren Automobilen zu sehen und zu nutzen. Beispielsweise kann durch den Bau effizienterer Autos ein höherer Stückerlös erzielt werden, was langfristig eine höhere Wertschöpfung zur Folge hat. Besonders wichtig für die deutsche Automobilindustrie sind die „Wachstumsregionen" wie China, die sich durch einen immer größer werdenden Bedarf nach deutschen Premiumautomobilen auszeichnen. So ist beispielsweise die Absatzzahl der deutschen PKW's in China im ersten Quartal 2010 um 50 % gestiegen[23], und dieses Ergebnisse ist kein Einzelfall, ganz im Gegenteil, der Präsident des Verbandes der Automobil Industrie (VDI) erwartet noch viel größeres Wachstum : „China hat bei der individuellen Mobilität noch großes Potenzial: Während in Deutschland rund 500 Autos auf 1.000 Einwohner kommen, sind es in China erst 21".[24]

3.2.2 Maschinenbau:

Der deutsche Maschinenbau, der zugegebenermaßen den starken Export bestimmt und zu den fünf wichtigsten Branchen der BRD gehört, ist laut McKinsey zu stark von der Nachfrage der drei wichtigsten Schwellenländer (China,Indien und Russland) abhängig. Denn wegen rückläufiger Nachfrage in Folge der Finanzkrise und zunehmender Produktionsverlagerung ins Ausland lag das Beschäftigungswachstum nur noch bei 0,3 % p.a.. Damit aber langfristig die Wettbewerbsfähigkeit aufrecht erhalten werden kann, ist ein Wachstum von 20 % p.a. wie es zwischen 2000 und 2006 der Fall war nötig. Erfolgsvorraussetzung ist vor allen Dingen, dass neue Felder wie die für alternative Energien und Umwelttechnik besetzt werden. Falls dies nicht gelingt, verlagert sich die Produktion immer mehr dorthin, wo sie auch verkauft wird: ins Ausland.

3.2.3 Chemieindustrie:

Kaum eine andere Branche kann derartige Rekordzahlen bei Umsatz und Ertrag vorweisen, wie es die Chemieindustrie tut. Auch hier wirken neue Forderungen nach mehr Effizienz und Umweltschutz als Generatoren für Wachstum. So wirbt die Chemieindustrie z.B. damit, dass das Auto der Zukunft fast nur noch aus Chemie bestehe.[25] Wichtig ist auch hier eine zunehmende Dy-

---

23 http://www.vda.de/de/meldungen/news/20100423.html, 24.3.2011

24 http://www.vda.de/de/meldungen/news/20100423.html, 24.3.2011

25 http://www.vci.de/default-cmd-shd-docnr-128960-lastDokNr-~1.htm, 24.3.2011

namisierung der Akteure: Wenn Automobilbranche, Maschinenbau und Hightech eng zusammenarbeiten, ist ein Wachstum von 4 % p.a. - verbunden mit 100.000 neuen Arbeitsplätzen - möglich.

3.2.4 Dienstleistungen:

„Der Dienstleistungssektor boomt", so heißt es in einem Artikel der Bundesregierung. Gemeint ist damit, dass der Dienstleistungssektor mittlerweile rund 70 % der Bruttowertschöpfung der Bundesrepublik darstellt. Im Jahre 2008 stieg die Zahl der Beschäftigten um mehr als 440.000 Menschen, kein ein anderer Sektor kann einen solchen Zuwachs verzeichnen. Vor allem aufgrund der Masse der im Bereich Dienstleistung verankerten Branche, ist ihr Wachstumspotenzial gigantisch. Allein die Branchen „Banken" und „Gesundheit" haben ein Wachstumspotenzial von mehr als 2% p.a.. Alle Entwicklungen innerhalb des Dienstleistungssektors zu beschreiben ginge an dieser Stelle zu weit, allerdings gilt es festzuhalten, dass für Deutschland besonders im Dienstleistungssektor große Chancen und Wachstumspotenziale bestehen.

3.2.5 Hightech-Sektor

Auch der Hightech-Sektor gehört mit seinem breiten Branchenspektrum zu den größten Wachstumstreibern in Deutschland. Er wuchs seit 1990 mit 3,5 % weniger als die Industrie weltweit, allerdings hat er im Chancenszenario von McKinsey ein Wachstumspotenzial von 4,8 % p.a. Und könnte damit sogar schneller wachsen als die Industrie. Wie dieses Wachstumspotenzial im Hightech-Sektor gestaltet werden kann, wird nachstehend am Fallbeispiel aufgezeigt.

3.3. Hightech-Sektor: Fallbeispiel Infineon Technologies AG

Zyklische Schwankungen charakterisieren die hochtechnologisierte Halbleiter-Branche. Für den auch im Sauerland operierenden DAX-Konzern Infineon, hieß das bis zum Jahr 2000: Neueinstellungen in Boomphasen und betriebsbedingte Kündigungen in auftragsschwachen Zeiten. Eine hire-and-fire-Mentalität, die man seinerzeit als "inhuman und betriebswirtschaftlich wenig sinnvoll " bezeichnete.[26]

---

[26] 685 Unterrichts-Materialien Wirtschaft/Recht Stark Verlag

Zudem war damit auch der Fertigungsstandort in Warstein in Frage gestellt, da insbesondere die fixen Personalkosten nicht mit der Auftrags- und Ergebnissituation korrespondierten. In ausländischen Fertigungsstätten lässt sich nach wie vor deutlich kostengünstiger produzieren. Zudem sind die Hürden für Personalanpassungsmaßnahmen längst nicht so hoch wie in Deutschland. Wie konnte man der drohenden Gefahr der Arbeitsplatzverlagerung entgegenwirken? Zudem wollte man beweisen, dass man auch in einem „Hochlohnland" ein attraktiver Wirtschafts- und Investitionsstandort für Unternehmen bleiben kann. Anfang 2000 gingen dann Management und Betriebsrat in „Klausur". Ergebnis war ein für seinerzeitige Verhältnisse revolutionäres Arbeitszeit und Entgeltsystem, das bundesweit für Aufsehen sorgte. Zentrales Ergebnis nach mehr als 10 Jahren nach der Einführung:

Kein einziger Mitarbeiter wurde seitdem mehr entlassen. Im Gegenteil: Mehr als 600 neue Arbeitsplätze wurden geschaffen. An flexiblen Arbeitszeiten führte kein Weg vorbei. An dieser Aussage ließ der damalige Personalchef Holger Böhringer seinerzeit keinen Zweifel und nannte seiner Geschäftsleitung und dem Betriebsrat die Gründe: "Wir operieren auf einem Käufermarkt, das heißt, die Käufer haben eine starke Position, können zwischen zahlreichen Anbietern aus dem In- und Ausland wählen. Das zwingt zur Anpassung an die Kundenwünsche. Neben Preis und Produktqualität werden kurze Lieferfristen und Termintreue immer wichtiger." An Bedeutung gewinnt auch der Zeitpunkt, zu dem ein neues Produkt auf den Markt gebracht werden kann. Hier ist eine enge Zusammenarbeit zwischen allen Bereichen des Unternehmens (Entwicklung, Produktion, Marketing, Vertrieb und Logistik) erforderlich. Sie gelingt nur durch flexible, wechselseitige Abstimmung der Arbeitszeiten. Und so sieht das neue Arbeitszeitmodell, in dessen Zentrum das Arbeitszeitkonto steht, in Kurzfassung aus: In Hochphasen mit kräftigen Auftragszuwächsen arbeiten die Beschäftigten seitdem 40 Stunden wöchentlich, in einigen Fertigungslinien dabei auch an Sonn- und Feiertagen. Ganz anders in den Niedrigphasen, bei Nachfrageflauten. Hier arbeiten die Beschäftigten nur 28 Stunden, wobei sie gemäß tarifvertraglicher Regelung (35 Wochenstunden) kontinuierlich weiterbezahlt werden. Die Saldoobergrenze beträgt plus 200 Stunden, die Untergrenze minus 200 Stunden. Um auch die nötige Flexibilität bei den Personalkosten zu erreichen, wurden bisherige fixe Zahlungen wie Urlaubs- und Weihnachtsgeld sowie Bonuszahlungen eng an den wirtschaftlichen Erfolg gekoppelt. Somit partizipieren auch die Mitarbeiter in wirtschaftlich erfolgreichen Zeiten und das Unternehmen hat in ertragsschwächeren Phasen eine deutliche Entlastung bei den Personalkosten, die man früher durch entsprechende Personalreduzierung zu erreichen versuchte. Damit wurde der Nachweis erbracht, dass mit der Kombination von flexiblen Arbeitszeiten und flexiblen Einkommensmodellen eine „win-win-Situation" erreicht werden kann.

3.4 Einflussfaktoren auf die Globalisierung

Welche Faktoren muss Deutschland berücksichtigen, damit langfristig Wirtschaftswachstum und Wohlstand gesichert werden können?

Eine Barriere stellt sicherlich der demographische Wandel dar, denn laut McKinsey wird Deutschland bis 2020 unter einem erheblichen Fachkräftemangel leiden, der durchaus eine Wachstumsbremse sein kann.

Universitäten leisten mit Forschungsergebnissen einen entscheidenden Beitrag zur Dynamisierung der Wirtschaft, allerdings fehlt es hier an Eliteuniversitäten. Die Ausgaben der Bundesregierung für Forschung und Bildung sind mit 1,1 % des BIP viel zu gering. Deutschland liegt damit fast 2 % hinter den USA (2,9%). Hier muss ein Umdenken stattfinden, damit dieser wichtige Beitrag zum Wirtschaftswachstum weiter geleistet werden kann.

Befremdlich mag erscheinen, dass man die deutsche Infrastruktur bemängelt, denn Deutschland gilt hier als weltweit führend. Dennoch sind beispielsweise Investitionen von mehr als 40 Mrd. € nötig, damit Deutschland auch beim Ausbau von Glasfasernetzen weiter an der internationalen Spitze mitspielen kann. Insgesamt fallen in allen Bereichen (Energie, Verkehr, Kommunikation) Investitionen von mehr als 220 Mrd. € an, 40 Mrd. € mehr als bisher geplant. Grund dafür sind fehlende Investitionsanreize und Sicherheiten. Auch an dieser Stelle muss die Bundesregierung mit einer vorausschauenden Politik Anreize geben, um langfristig Deutschland eine internationale Führungsposition zu sichern.

4. Fazit:

Eingeleitet wurde diese Arbeit mit einem Zitat von Konfuzius, der schon 500.v Christus folgendes dachte:

„Der Mensch hat dreierlei Wege klug zu handeln: durch Nachdenken ist der edelste, durch Nachahmen der einfachste, durch Erfahrung der bitterste."

Überträgt man diese Weisheit ganz direkt auf unsere Wirtschaft, kann man aus dem Begriff des Nachdenkens eine Linie hin zu Bildung und Qualifikation ziehen, als Nachahmen einfach „die Arbeit" ansehen.

Konkret auf meine Facharbeit angewendet bedeutet dies, dass langfristig die Zukunft im Denken liegt: Deutschland braucht Fachkräfte, Ingenieure und Wissenschaftler, die das Land mit ihren Fähigkeiten zu einem international einzigartigen Standort machen. Die Chancen stehen gut, die Infrastruktur ist ausgebaut wie in kaum einem anderen Land und der Standort erhält auch heute noch weltweit Anerkennung für die Qualität „Made in Germany". Damit allerdings genau das auch langfristig so bleibt, müssen Probleme wie der demographische Wandel aktiv ins Auge gefasst und Lösungen genau dort angesetzt werden. Es wäre doch absolut widersinnig, wenn Deutschland einen Wettbewerbsnachteil dadurch bekäme, dass es zu wenig qualifizierte Fachkräfte gibt. Investitionen in Bildung, konkret in Schulen und Universitäten, müssen erfolgen, damit zum einen Ausbildung und Studium attraktiver werden, die Standards höher und die Universitäten weiterhin kompetente Ansprechpartner für kooperierende Unternehmen bleiben. In Deutschland sind Know-how in den Bereichen Chemie, Maschinenbau etc. in ganz besondere Umfang vorhanden, das zur Zeit weltweit anerkannt ist - aktuell kann hier zum Beispiel konkret die Fachkompetenz hiesiger Firmen im Siegerland, historisch spezialisiert auf den Eisen- und Stahlbereich, erwähnt werden: Spezialrohre einer Siegerländer Firma werden jetzt im Kernkraftwerk Fukushima benötigt. Die Vorteile, die jetzt noch vorhanden sind, können aber auch ganz schnell schwinden. Es darf sich also nicht „ausgeruht" werden. Letztlich führt für Deutschland kein Weg an einer zunehmenden Dynamisierung und Flexibilisierung vorbei, denn Unternehmen müssen zwangsläufig branchenübergreifend enger zusammenarbeiten, um international wettbewerbsfähig zu bleiben. Außerdem hat sich, wie im Fallbeispiel Infineon veranschaulicht, gezeigt, dass eine Flexibilisierung der Arbeitszeit nicht nur sozialer und arbeitnehmerfreundlicher ist, sondern auch betriebswirtschaftlich auf lange Sicht Kosten spart und zudem eine wesentlich höhere Produktivität verspricht.

Um auf das Zitat zurückzukommen, „durch Nachahmen der einfachste Weg" - Nachahmen sei als „einfache" Arbeit zu interpretieren - Arbeit, wie sie Deutschland in der Nachkriegszeit zu großem Wohlstand geführt hat, die aber Heute keine Perspektive besitzt. Genau die außergewöhnliche Arbeitsmoral, von der Deutschland nach dem zweiten Weltkrieg geprägt war, ist heute in aufstrebenden Nationen wie China oder Indien zu finden. Hier liegt die Gefahr für Deutschland, denn in diesen Ländern stecken unglaubliche Investitionspotenziale für Unternehmen.

Zudem sind die Lohnkosten (zur Zeit noch) wesentlich geringer, was insgesamt die beiden ganz entscheidenden Faktoren sind.

Andererseits kann Deutschland auch gerade hier profitieren, indem nämlich Kernkompetenzen wie die deutsche Automobilindustrie weiter ausgebaut werden, damit ihr weltweit einzigartiger Status erhalten bleibt und sich Deutschland damit als besonders attraktiver Wirtschaftsstandort präsentiert und im Rahmen der Globalisierung bestehen kann.

Denn folgt man Konfuzius' Zitat weiter: „...durch Erfahrung der bitterste", also angenommen, Deutschland ließe seine Chancen mit einer einer wenig zukunftsgerichteten Politik und Wirtschaftsweise dahingleiten, ist es nur eine Frage der Zeit, wann China oder Indien die Spitzenposition des Wirtschaftsstandortes Deutschland eingeholt haben. Meiner Meinung nach stehen Chance aber mehr als gut, dass Deutschland mit durchdachten Investitionen in Bildung, Infrastruktur und Forschung seine Position weiter festigen und ausbauen kann. Wenn nun auch die deutschen Unternehmen die Chancen, die der Standort Deutschland bietet, ergreifen und zu einer dynamisierten und flexibilisierten Wirtschaftsweise schreiten, können sie weiterhin die Spitze international erfolgreicher Unternehmen bilden.

5. Literaturverzeichnis

„Wirtschaftsstandort Deutschland/Business Location Germany", Europäischer Wirtschaftsverlag, 2008/ 2009

Thomas Apolte, Rolf Caspers, Paul J.J. Welfens (Hrsg.), „Standortwettbewerb, wirtschaftspolitische Rationalität und internationale Ordnungspolitik", Nomos Verlagsgesellschaft Baden- Baden, 1999

Untersuchungen des Rheinisch-Westfälischen Instituts für Wirtschaftsforschung HEFT 39, „Der Standort Deutschland im internationalen Vergleich", RWI Essen, 2002

685 Unterrichts-Materialien Wirtschaft/Recht Stark-Verlag, 2010

„Vom totalen Krieg zum Wirtschaftswunder: die Vorgeschichte der westdeutschen Währungsreform 1948" M Brackmann - 1993 - Klartext Verlag, Essen

Franz Josef Floren, „Wirtschaft, Gesellschaft, Politik", Band 2, Schöningh Verlag, 2006

Internetquellen:

http://www.amcham.de/fileadmin/user_upload/Presse/AmChamIV_BusinessBarometer.pdf, 24.3.2011

http://www.faz.net/s/RubEC1ACFE1EE274C81BCD3621EF555C83C/Doc-EEE820364B74749D2A1548166E B8A799E-ATpl-Ecommon-Sspezial.html, 24.3.2011

http://www.stern.de/politik/deutschland/wissensgesellschaft-wo-hat-deutschland-zukunft-599723.html, 24.3.2011

http://www.bundesregierung.de/Content/DE/Artikel/2010/11/2010-11-09-kabinett-deutschland-digital-2015. html, 25.3.2011

http://books.google.de/books?id=MHNL2LtKjIEC&pg=PA433&lpg=PA433&dq=Perspektiven+zum+Wirtsc haftsstandort+deutschland&source=bl&ots=qzpCQG0x0I&sig=y-GvT73zMYKOyN5Ac8zZP0ek6og&hl=d e&ei=Wp6QTeOKOo-WhQfdwum7Dg&sa=X&oi=book_result&ct=result&resnum=9&ved=0CFgQ6AEwC A#v=onepage&q=Perspektiven%20zum%20Wirtschaftsstandort%20deutschland&f=false, 24.3.2011

http://www.bpb.de/publikationen/IXJNWG,0,Staat_und_Wirtschaft.html, 23.3.2011

http://www.rp-online.de/wirtschaft/news/Deutschland-steht-vor-einer-Wachstumskrise_aid_859232.html, 23.3.2011

http://www.focus.de/finanzen/karriere/berufsleben/lohnkosten-arbeitsstunde-in-deutschland-zehnmal-teure r-als-in-bulgarien_aid_494364.html, 24.3.2011

http://de.wikipedia.org/wiki/Wirtschaftswunder, 23.3.2011

http://fmsg.bildung-rp.de/infoschul/infoschul/html/wirtschaftswunder.html, 23.3.2011

http://de.wikipedia.org/wiki/Globalisierung, 25.3.2011

http://www.bpb.de/wissen/Y6I2DP,0,Globalisierung.html, 25.3.2011

http://www.bpb.de/publikationen/U1INL3,0,Globalisierung.html, 25.3.2011

http://www.globalisierung-fakten.de/globalisierung/globalisierung-in-deutschland.html, 1.4.2011 http://www.globalisierungsforum.de/deutschland-globalisierung.html, 23.3.2011

http://www.bpb.de/publikationen/686NQO,0,Globalisierung_als_Herausforderung_f%FCr_den_Standort_Deutschland.html, 23.3.2011

http://www.welt.de/welt_print/article3268272/Studie-Deutschland-fuer-Globalisierung-gut-aufgestellt.html, 24.3.2011

http://www.hbt.de/archiv_96-05/pdf/script.pdf, 24.3.2011

http://www.zukunft-maschinenbau.de/de/Maschinenbau_in_Deutschland/Deutschland_gesamt/102816.html, 24.3.2011

http://www.bundesregierung.de/nsc_true/Content/DE/__Anlagen/2006-2007/perspektiven-fuer-deutschland-langfassung,property=publicationFile.pdf/perspektiven-fuer-deutschland-langfassung, 24.3.2011

http://www.mckinsey.de/html/profil/initiativen/d2020.asp, 24.3.2011

http://www.bmwi.de/Dateien/KuK/PDF/doku-577-gesamtwirtschaftliche-perspektiven-kultur-und-kreativwirtschaft-kurzfassung,property=pdf,bereich=bmwi,sprache=de,rwb=true.pdf, 24.3.2011

http://www.mckinsey.de/downloads/profil/initiativen/d2020/D2020_Exec_Summary.pdf, 24.3.2011

http://www.vda.de/de/meldungen/news/20100423.html, 24.3.2011

http://nachhaltigkeit2009.daimler.com/reports/daimler/annual/2009/nb/German/4040/die-oekonomische-bedeutung-der-automobilindustrie.html, 24.3.2011

http://www.vci.de/default-cmd-shd-docnr-128960-lastDokNr--1.htm, 24.3.2011

http://www.vdi.de/fileadmin/vdi_de/redakteur/dps_bilder/SK/2008/2008-04-22-Studie_FHG_ISI_01.pdf. 24.3.2011

http://www.destatis.de/jetspeed/portal/cms/Sites/destatis/Internet/DE/Grafiken/DienstleistungenFinanzdienstleistungen/Diagramme/ErwerbstaetigeSektor,templateId=renderPrint.psml, 24.3.2011

http://www.europa-auf-einen-blick.de/spanien/export.php bzw. Frankreich, 24.3.2011

http://de.wikipedia.org/wiki/Exportweltmeister, 24.3.2011

http://de.wikipedia.org/wiki/Theodore_Levitt, 24.3.2011

http://www.sifatipp.de/karriere/karrieremagazin/vollkontinuierliches-schichtsystem-vermeidet-entlassungen /, 1.4.2011

http://www.good-practice.org/out.php?idart=39&dbstart=10&dbid=172&dbaction=view, 1.4.2011

http://de.wikipedia.org/wiki/Theodore_Levitt, 1.4.2011

http://www.bpb.de/wissen/OIABBH,0,0,Arbeitsplatzeffekt.html,14.2011

Anhang:

http://upload.wikimedia.org/wikipedia/commons/thumb/2/23/Magisches_Viereck_der_Wirtschaftspolitik.svg/376px-Magisches_Viereck_der_Wirtschaftspolitik.svg.png